1. Lese-stufe

Katja Reider, Cornelia Neudert, Doris Arend

Erstlesegeschichten vom Ponyhof

Mit Bildern von Betina Gotzen-Beek, Julia Ginsbach und Susanne Schulte

Ravensburger Buchverlag

Bibliografische Information der Deutschen Nationalbibliothek:

Die Deutsche Nationalbibliothek verzeichnet diese Publikation
in der Deutschen Nationalbibliografie.
Detaillierte bibliografische Daten sind im Internet
über http://dnb.d-nb.de abrufbar.

1 2 3 4 5 E D C B A

Ravensburger Leserabe
Diese Ausgabe enthält die Bände
„Ein Pony namens Pepper" von Katja Reider mit Illustrationen von Betina Gotzen-Beek,
„Ponygeschichten" von Cornelia Neudert mit Illustrationen von Julia Ginsbach,
„Das tollste Pony der Welt und der große Preis" von Doris Arend
mit Illustrationen von Susanne Schulte
© 2009, 2006, 2007 Ravensburger Buchverlag Otto Maier GmbH

© 2019 Ravensburger Buchverlag Otto Maier GmbH
Postfach 18 60, 88188 Ravensburg
für die vorliegende Ausgabe

Umschlagbild: Maria Bogade
Konzeption Leserätsel: Dr. Birgitta Redding-Korn
Design Leserätsel: Sabine Reddig

Printed in Germany
ISBN 978-3-473-36120-5
(für die Ausgabe im Ravensburger Buchverlag)

www.ravensburger.de
www.leserabe.de

Inhalt

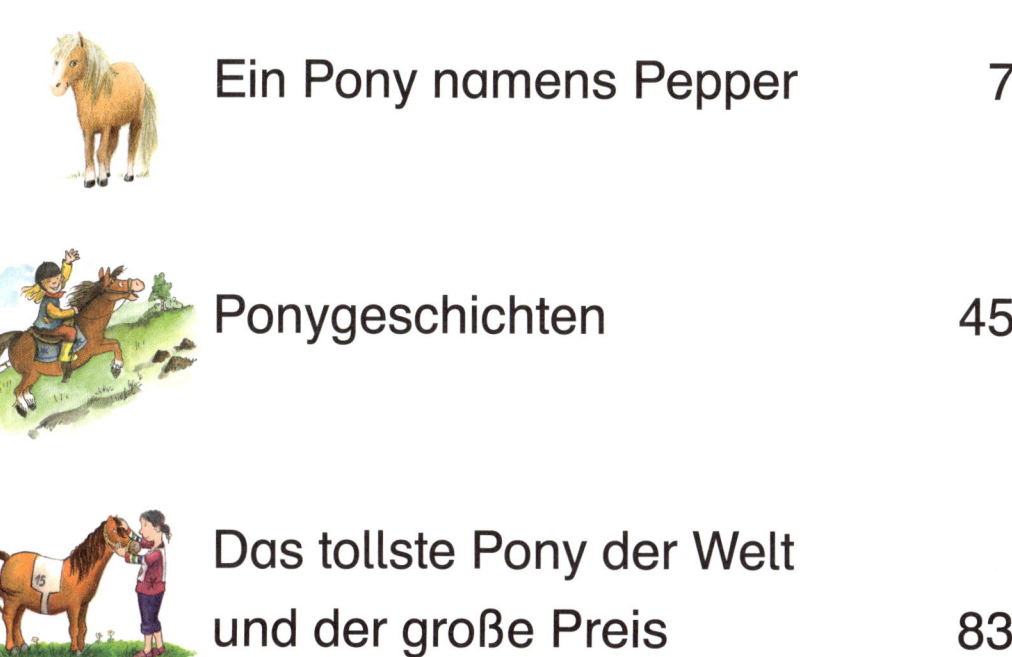

Katja Reider

Ein Pony namens Pepper

Mit Bildern von Betina Gotzen-Beek

Willkommen auf dem Reiterhof

„Schau, Pia!
Da drüben ist der Ponyhof!",
quietscht Caro.

Für Caro sind Reiterferien
das Größte.
Zweimal war sie schon hier.

Aber Pia kann die Vorfreude
ihrer großen Schwester nicht teilen.

Wenn sie nur nicht so klein wäre!
Wahrscheinlich reichen ihre Beine
nicht mal bis zu den Steigbügeln!

Mama lächelt Pia aufmunternd zu.
„Keine Sorge!
Es wird dir gefallen, Purzel!"

Pia seufzt.
„Purzel" – sie ist doch kein Baby mehr!
Nur eben klein für ihr Alter.

Anna Lindner, die Leiterin des Ponyhofs,
begrüßt die Schwestern herzlich.

Während sie mit Pia redet,
stürmt Caro bereits auf die Ponys zu.
„Hallo, Sternchen! Hallo, Benni und Bo!
Ich bin wieder da!"

Nachdem Mama sich verabschiedet hat,
stellt Frau Lindner den Schwestern
zwei andere Reitschülerinnen vor.
„Das sind Sina und Leonie.
Und jetzt …“

„… jetzt werden die Ponys zugeteilt",
jubelt Caro.

Frau Lindner nickt schmunzelnd.
„Caro kennt unsere Ponys ja bereits.
Bis auf eines …"

Schon führt Pferdepfleger Arne
ein kleines Pony auf den Hof.
Es hat strubbeliges braunes Fell.
Und eine lange Mähne,
die ihm lustig ins Gesicht fällt.

14

Pias Herz macht einen Sprung.
„Oh, ist das süß!", ruft sie aus.

Anna Lindner lächelt stolz.
„Darf ich vorstellen?
Pepper, unser Shetlandpony!"

Ein Pony für Pia

„Auf Pepper will ich reiten!",
ruft Caro schnell.
„Nein, ich!", meldet sich Leonie.
Auch Sina wedelt mit dem Finger:
„Ich! Oh, bitte, Frau Lindner!"

Die Reitlehrerin schüttelt den Kopf.
„Ihr drei seid zu groß für Pepper.
Er ist das ideale Pony für Pia!
Einverstanden, Pia?"

Pia nickt zögernd.

Freuen kann sie sich nicht.

Ob die anderen jetzt sauer sind?

Vor allem Caros Augen

blitzen wütend … Oje!

„Komm, sag Pepper mal Hallo!",
ermuntert die Reitlehrerin Pia.

Also gut.
Vorsichtig tritt Pia näher.
Sogleich schnuppert Pepper
zutraulich an ihrem Pullover.

Und als Pia sanft das dichte Fell
an Peppers Hals krault,
schnaubt das Pony freudig.

„Liebe auf den ersten Blick!"
Frau Lindner lacht.
Die anderen stimmen ein.

Nur Caros Gesicht bleibt düster.
Sie soll auf Benni reiten,
Leonie bekommt Bo
und Sina Sternchen.

Endlich dürfen die Mädchen
ihre Ponys auf die Reitbahn führen.

Pias Hände zittern vor Aufregung.
„Bitte hilf mir, Pepper!",
flüstert sie dem kleinen Shetty zu.

Und Pepper
scheint tatsächlich zu nicken!

Dann ist es so weit:

Pia stellt ihren Fuß in den Steigbügel

und – schwupp! – sitzt sie im Sattel!

„Gerade halten!", sagt Frau Lindner.

„Ellenbogen an den Körper,

Fersen nach unten!"

Die Reitlehrerin
nimmt Pepper am Zügel und geht los.

Hui, wie das wackelt und schwankt!
Pia krallt sich in Peppers Mähne.

Trotzdem bleibt Pepper ganz ruhig.
Und bald entspannt sich auch Pia.

Na so was,
reiten macht ja richtig Spaß!

Zoff um Pepper

„Prima gemacht, Pia!",
lobt Frau Lindner beim Absatteln.
„Aus dir wird eine tolle Reiterin.
Wenn sogar unser Dickkopf Pepper
bei dir brav ist …"

„Danke", murmelt Pia
und errötet vor Freude.
Schnell verbirgt sie ihr Gesicht
in Peppers blonder Mähne.

Aber Caros neidischen Blick
spürt sie trotzdem.

Arne hilft den Mädchen,
die Ponys trocken zu reiben.
Dann werden die Hufe ausgekratzt.

Zum Schluss bürstet Pia
Peppers Fell.

Caro beobachtet sie kritisch.
„So tust du Pepper weh",
giftet sie plötzlich.

Erschrocken lässt Pia ihre Hand sinken.
„Zeigst du mir, wie es geht?"
Aber Caro stapft bereits weiter.

Den Rest des Tages behandelt
Caro Pia wie Luft.
Warum ist sie nur so gemein?

Betrübt schlendert Pia zur Koppel.
Ob Pepper sie trösten kann?

Aber das Shetty hat bereits Besuch:
von Caro!
Ganz dicht stecken die beiden
ihre Köpfe zusammen.

Pia spürt einen Stich:
Pepper ist doch IHR Pony!

Moment, was hat Caro denn da?

Ist das etwa Zucker?

Empört rennt Pia auf Caro zu.

„Hey, was machst du da?

Das darfst du Pepper nicht geben!"

„Oh!" Plötzlich erkennt Pia,
dass der „Zucker"
nur ein Stück Apfel ist!

Bevor sie ihren Irrtum erklären kann,
hat ihre Schwester das Apfelstück
schon wütend ins Gras geschleudert.

„Pardon", sagt Caro schneidend.
„Das hatte ich ganz vergessen.
DU bist ja jetzt
die große Pony-Expertin, Pia!
ICH hab ja keine Ahnung …"

Weg ist sie.
Da lässt selbst Pepper
traurig den Kopf hängen …

Starke Schwestern

Am nächsten Tag
schlägt das Wetter um.

Pia blickt besorgt aus dem Fenster.
Draußen tobt ein richtiger Sturm.
Ob Pepper Angst hat?

Schnell holt Pia ihr Regenzeug
und rennt hinüber zur Koppel.

Wie unruhig die Ponys sind!
Sie blähen die Nüstern
und scharren nervös mit den Hufen.

Aber das liegt nicht nur am Sturm:

Das Tor steht ja offen!

Der Riegel muss sich gelöst haben …

Und da kommt Pepper angetrabt!

„Bleib doch stehen!", ruft Pia.

Was soll sie nur tun?

Zum Hilfeholen ist keine Zeit.
Entschlossen wirft sich Pia
gegen das Tor.

Aber der Sturm ist stärker.
Und die Ponys
werden immer unruhiger!

Plötzlich ist jemand neben ihr.

„Caro!"

Gott sei Dank, Caro ist da!

Jetzt stemmen sich die Schwestern
gemeinsam gegen das Tor.
Dabei redet Caro beruhigend
auf die Ponys ein.

Und endlich kommt Hilfe:

Arne schafft es, den rostigen Riegel

zurück in die Halterung zu schieben.

Das Tor ist zu.

Pia und Caro atmen auf.

„Gut gemacht, ihr zwei!", lobt Arne.
„Ohne euch wären die Ponys
auf die Straße galoppiert!"

Caro und Pia sehen sich an.
Einen Moment spricht keine ein Wort.

Schließlich sagt Caro leise:
„Ich war ziemlich blöd, was?"

„Schon gut", sagt Pia großzügig.
„Aber hilfst du mir ab jetzt mit Pepper?
Ich bin nämlich
noch lange keine Pony-Expertin …"
Caro grinst, dann nickt sie.

Da kommt Pepper angetrabt.
Pia krault seine samtweichen Nüstern
und flüstert ihm ins Ohr:
„Alles in Ordnung, Pepper?"
Und ob!

Cornelia Neudert

Ponygeschichten

Mit Bildern von Julia Ginsbach

Der Grashund

Marie wünscht sich ein Pony.

Aber Mama sagt: „Ein Pony! Oje!"

Und Papa sagt: „Ein Pony geht nicht.

Höchstens ein Hund."

Marie wünscht sich trotzdem ein Pony.

Sie geht zu ihrem Freund Jakob.

Jakob ist Bauer.

Leider hat er kein Pony auf seinem Hof.

Nur Hühner, Schweine und Kühe.

„Ich darf kein Pony haben.
Nur einen Hund",
erzählt Marie ihm traurig.

Jakob überlegt. Dann sagt er:
„Ich weiß genau, welcher Hund
für dich der richtige ist.
Komm morgen wieder,
dann kannst du ihn abholen."

48

Am nächsten Tag
holt Marie den Hund.

Zu Hause sagt sie froh zu ihren Eltern:
„Das ist Karli. Er ist ein Grashund."
„Ein Grashund?", sagt Maries Papa.
„Oje!", sagt Maries Mama.

Karli ist anders als andere Hunde.

Er mag kein Hundefutter.

Er frisst lieber Gras.

Nachts legt er sich

nicht gern in Maries Bett.

Er bleibt neben dem Bett stehen.

Wenn Marie mit ihm spazieren geht,
hebt er sein Bein nicht an den Bäumen.
Außerdem bellt Karli ganz merkwürdig.

Trotzdem liebt Marie ihren Grashund,
denn Marie kann auf Karli reiten!

Wie der Blitz jagen sie über die Felder,
kreuz und quer.

Leider macht Karli
sein Geschäft auf den Teppich.
Maries Mama sagt: „Das geht nicht!"

Und Maries Papa sagt:
„Nein, das geht wirklich nicht!
Karli passt nicht in eine Wohnung.
Er muss in einen Stall!"

54

Also kommt Karli zu Jakob
auf den Bauernhof.

Dort kann Marie ihn jeden Tag besuchen.

Sie bringt ihm Möhren und Heu
und sie reitet auf ihm über die Felder,
schnell wie der Blitz.

Das ist auch gut so,
denn in Wirklichkeit
ist Karli gar kein Grashund.
In Wirklichkeit ist Karli ein Pony.

Jolly

Fiona ist ganz aufgeregt.

Heute kommen die neuen Ponys!

Fionas Mama hat nämlich

einen Ponyhof.

Die fünf neuen Ponys

kommen in einem Anhänger.

Fiona darf helfen sie auszuladen.

Vier Ponys sind brav
und lassen sich ruhig
in den Stall führen.

Nur eines nicht.
Es ist das kleinste und heißt Jolly.
Jolly bäumt sich auf und reißt sich los.

Dann läuft sie davon.

Es dauert den ganzen Nachmittag,

bis sie endlich wieder eingefangen ist.

Jolly macht nur Ärger.

Wenn man sie sattelt,

wälzt sie sich auf dem Boden.

Wenn jemand auf ihr reiten will,
wirft sie ihn ab.

Sie will nicht auf die Weide
zu den anderen Ponys.
Sie will nicht geputzt werden.
Und sie will fast nichts fressen.

Jolly steht nur den ganzen Tag
in einer Ecke des Stalls
und lässt den Kopf hängen.

Der Tierarzt kommt,
aber er kann nichts finden.
„Jolly fehlt nichts", sagt er ratlos.

Eines Nachts hört Fiona Jolly wiehern.
Es klingt so traurig,
dass sie ihre Taschenlampe nimmt
und hinaus in den Stall geht.

62

Jolly steht in ihrer Ecke.

Fiona streichelt ihr den Rücken.

Da hebt Jolly den Kopf

und schnuppert an ihrer Hand.

„Hast du Hunger?", fragt Fiona.

Jolly schnaubt durch die Nase.

Fiona gibt Jolly eine Möhre.

Dann sagt sie:

„Ich übernachte heute bei dir,

damit du nicht so alleine bist."

65

Fiona wickelt sich in eine Decke
und legt sich neben Jolly ins Heu.

Seit dieser Nacht ist Jolly ganz anders.
Sie spielt mit den anderen Ponys.

Sie lässt sich gerne putzen …

… und sie frisst wieder ordentlich.

Aber am liebsten macht sie
lange Ausritte mit Fiona.

Der Tierarzt hat sich nämlich geirrt.
Jolly hat etwas gefehlt:
eine Freundin!

Das Reitfest

Monis Pony heißt Antonio.

Das Pony ihrer Freundin Eva heißt Fritz.

Heute findet ein Reitfest statt,

bei dem beide mitmachen.

Sie putzen ihre Ponys,
flechten ihre Mähnen
und binden Bänder in ihre Schweife.

„Ich freue mich schon
auf das Hindernis-Reiten!", sagt Eva.
Moni freut sich auch
auf das Hindernis-Reiten.

Aber hoffentlich müssen die Ponys
nicht durch Wasser laufen!
Antonio ist nämlich wasserscheu.

Auf der Wiese vor dem Reiterhof
ist schon alles aufgebaut.

Da liegen Säcke voll Stroh,
um die die Ponys herumlaufen müssen.

Da liegen Stangen,
über die sie springen müssen.

Und – da ist ein Graben voll Wasser,
durch den sie hindurchlaufen müssen.
Oh nein!, denkt Moni.

Ein Mann verteilt die Startnummern.
Eva und Fritz haben die Nummer 12,
Moni und Antonio die Nummer 9.

Moni lässt den Kopf hängen.
Sie hat Angst, dass Antonio
vor dem Graben stehen bleibt.

76

Der Wettkampf beginnt.
Jedes Mal, wenn ein Pony
durch den Graben läuft,
spritzt das Wasser in die Höhe.

Moni flüstert Antonio ins Ohr:
„Bitte, lauf durchs Wasser!
Sonst werden wir verlieren!"

Antonio schüttelt sich.
Wasser ist so nass!

Jetzt wird die Nummer 9 aufgerufen.

Moni und Antonio sind dran.

„Viel Glück!", ruft Eva.

Antonio läuft brav um alle Säcke …

… und er springt über alle Stangen.

Dann kommt der Wasser-Graben.
„Bitte, lauf weiter!", flüstert Moni.
Antonio legt die Ohren an.
Wasser ist so furchtbar nass!

Aber er bleibt nicht stehen.
Er springt über den Graben.
Alle Zuschauer klatschen.

Das war ein toller Sprung!
Und Moni ist froh und stolz.
„Danke!", flüstert sie Antonio ins Ohr.

Doris Arend

Das tollste Pony der Welt und der große Preis

Mit Bildern von Susanne Schulte

Lulu und Sabrina

Lulu und Sabrina sind dicke Freunde.

Zusammen treten sie im Zirkus auf.

Sie machen tolle Kunststücke.

Lulu und Sabrina reisen
mit dem Zirkus
um die ganze Welt.
Zusammen erleben sie
spannende Abenteuer.

Das kaputte Einrad

Lulu und Sabrina wollen ein Eis essen.

„Wer kommt mit?", fragt Sabrina.

Der Zauberer zaubert gerade.

Der Seiltänzer übt auf dem Seil.

86

Der Tiger muss im Käfig bleiben.

Der Seehund spielt im Wasser.

Lulu und Sabrina suchen den Clown.

Er ist in seinem Wagen.

Sein Einrad liegt vor der Tür.

Da kommt der Elefant um die Ecke.
Seine Beine sind dick
wie Baumstämme.
Seine Füße sind groß
wie Autoreifen.

Der Elefant sieht das Einrad nicht.

„Vorsicht!", ruft Sabrina.

Zu spät!

Der Elefant tritt auf das Einrad.

Es ist platt wie eine Briefmarke.

Der Clown kommt aus seinem Wagen.

„Oje", seufzt der Clown.

„Ein neues Einrad kostet 50,- Euro.

So viel Geld habe ich nicht."

90

Lulu stupst den Clown an.
Sie will ihn trösten.
Aber der Clown ist traurig.
Eine dicke Träne kullert
über sein Gesicht.

Lulu und Sabrina holen sich ein Eis.
Plötzlich sieht Lulu ein Plakat:

Lulu hat eine Idee.

Sie stupst Sabrina an.

„Willst du mitmachen?",
fragt Sabrina.

Lulu nickt heftig.

Ich kann schnell laufen.

Ich kann Kunststücke

mit Sabrina zusammen.

93

Aber ich bin noch nie
über eine Hürde gesprungen.
Ob ich das schaffe?, denkt Lulu.

Das Wettrennen

Die Ponys und ihre Freunde
stehen auf dem Sportplatz.
Lulu zählt 14 Ponys.
Sie ist aufgeregt.

Die Ponys stellen sich auf.

Der Startschuss fällt.

Lulu rennt los. Sie ist schnell.

Lulu überholt fast alle Ponys.

Ein schwarzes Pony läuft neben Lulu.

Es ist genauso schnell wie Lulu.

Ich will gewinnen, denkt Lulu.
Sie rennt wie der Teufel.
Noch eine Runde.
Lulu sieht das Ziel.

Das schwarze Pony läuft immer noch
neben Lulu.

Beide Ponys laufen in das Ziel.

Gleichzeitig.

Lulu und das schwarze Pony
haben gewonnen.

Der Hürdenlauf

13 Ponys und ihre Reiter
sind über die Hürden gesprungen.
Kein Pony hat es ohne Fehler
geschafft.
Jedes Pony hat eine Stange
von der Hürde geworfen.

Jetzt kommt ein weißes Pony.

Das weiße Pony und seine Reiterin

springen über vier Hürden.

Sie machen keinen Fehler.

Nun kommt die letzte Hürde.

Es ist die höchste.

Das weiße Pony springt.

Die Stange bleibt liegen.

Lulu und Sabrina sind als Letzte
an der Reihe.
Lulu ist aufgeregt.
Sie sieht die Hürden.
Sie hat Angst.

Da sieht Lulu den Clown im Publikum.
Er winkt Lulu und Sabrina zu.
„Du schaffst es!", flüstert Sabrina.
Ich will gewinnen, denkt Lulu.

Lulu rennt los.

Sabrina sitzt fest im Sattel.

Sie springen über die erste Hürde.

Geschafft!

Sie springen über die zweite Hürde.

Geschafft!

Lulu und Sabrina springen über die dritte
und die vierte Hürde.
Geschafft!

Jetzt kommt die letzte Hürde.
Lulu nimmt Anlauf.
Sie fliegt über die Hürde.

Aber plötzlich berührt ihr Hinterhuf
die Stange.
Die Stange wackelt.

Lulu und Sabrina halten den Atem an.
Das Publikum hält den Atem an.
Alle starren auf die Stange.

Aber die Stange bleibt liegen.

Das war knapp.

Lulu und das weiße Pony

haben gewonnen.

Kunststücke

Die Ponys und ihre Freunde
führen Kunststücke vor.
Ein rotbraunes Pony
läuft über eine Wippe.

Ein geschecktes Pony
schießt einen Ball.

Ein braunes Pony klaut einem Mann
den Hut vom Kopf.

Jetzt sind Lulu und Sabrina
an der Reihe.
Lulu stellt sich in die Mitte.
Sabrina wirft Lulu einen Ball zu.
Lulu schießt den Ball
mit dem Kopf zurück.

Sabrina wirft Lulu große Ringe zu.

Lulu fängt sie mit dem Hals auf.

Jetzt kommt das schwierigste Kunststück.

Sabrina steht vor Lulu.

Lulu passt ganz genau auf.

Sabrina hebt den Arm.

Da stellt Lulu sich
auf die Hinterhufe.

Sie tänzelt.

Sie dreht sich im Kreis.

Viermal.

Dann geht sie auf zwei Beinen rückwärts.

Das konnte kein Pony.

Lulu geht auf die Knie.

Sie verbeugt sich vor dem Publikum.

Das Publikum klatscht.

Das Publikum ruft laut: „Hurra!"

Als Letztes kommt das schwarze Pony.
Lulu hält den Atem an.
Das schwarze Pony läuft
über eine Wippe.

Dann schießt es einen Ball.
Plötzlich stellt es sich auf die Hinterhufe.
Wie Lulu.

Das schwarze Pony will gewinnen.

Es tänzelt.

Es dreht sich im Kreis.

Aber es stolpert über seine Hufe.

Es kann das Gleichgewicht nicht halten.

Das schwarze Pony strauchelt.

Es fällt auf seinen Popo.

Wer hat jetzt gewonnen?

Gewonnen!

Die Ponys stehen
vor dem Preisrichter.
Alle sind gespannt.
Wer gewinnt den 1. Preis?

114

„Gewonnen hat Lulu, das Zirkuspony!"

„Hurra!", ruft Sabrina.

„Hurra!", ruft der Clown.

„Hurra!", ruft das Publikum.

Lulu bekommt den 1. Preis:

Einen großen Sack Möhren und 50,- Euro.

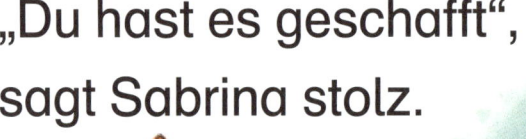

Sabrina umarmt Lulu.
„Du hast es geschafft",
sagt Sabrina stolz.

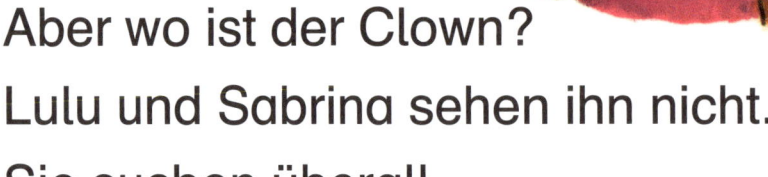

Aber wo ist der Clown?
Lulu und Sabrina sehen ihn nicht.
Sie suchen überall.

Endlich finden sie ihn.

Er sitzt traurig auf einer Bank.

Lulu und Sabrina gehen zu ihm hin.

Lulu gibt dem Clown 50,- Euro.

„Für mich?", fragt der Clown erstaunt.
„Du hast an dem Wettbewerb
teilgenommen,
damit ich mir ein neues Einrad
kaufen kann?"
Lulu nickt.

Der Clown strahlt.
„Lulu, du bist das tollste Pony
der Welt!"
Eine dicke Träne kullert
über sein Gesicht.
Aber das ist eine Freudenträne.

Leserabe Leserätsel

Rätsel 1

Ein Pony namens Pepper

Welches Wort stimmt? Kreuze an!

Pepper ist ein
- ○ Shetlandpony.
- ○ Stier.
- ○ Schimmel.

Caro gibt Pepper ein Stück
- ○ Ananas.
- ○ Apfel.
- ○ Aprikose.

Caro reitet auf
- ○ Billi.
- ○ Bobbi.
- ○ Benni.

Rätsel 2

Ponygeschichten

Findest du die richtige Seite? Trage die Zahl ein!

Auf Seite ____ steht ein Mal **Hundefutter**.

Auf Seite ____ steht ein Mal **Taschenlampe**.

Auf Seite ____ steht ein Mal **Startnummern**.

Das tollste Pony der Welt und der große Preis

Fülle die Kästchen aus!
Benutze nur Großbuchstaben!

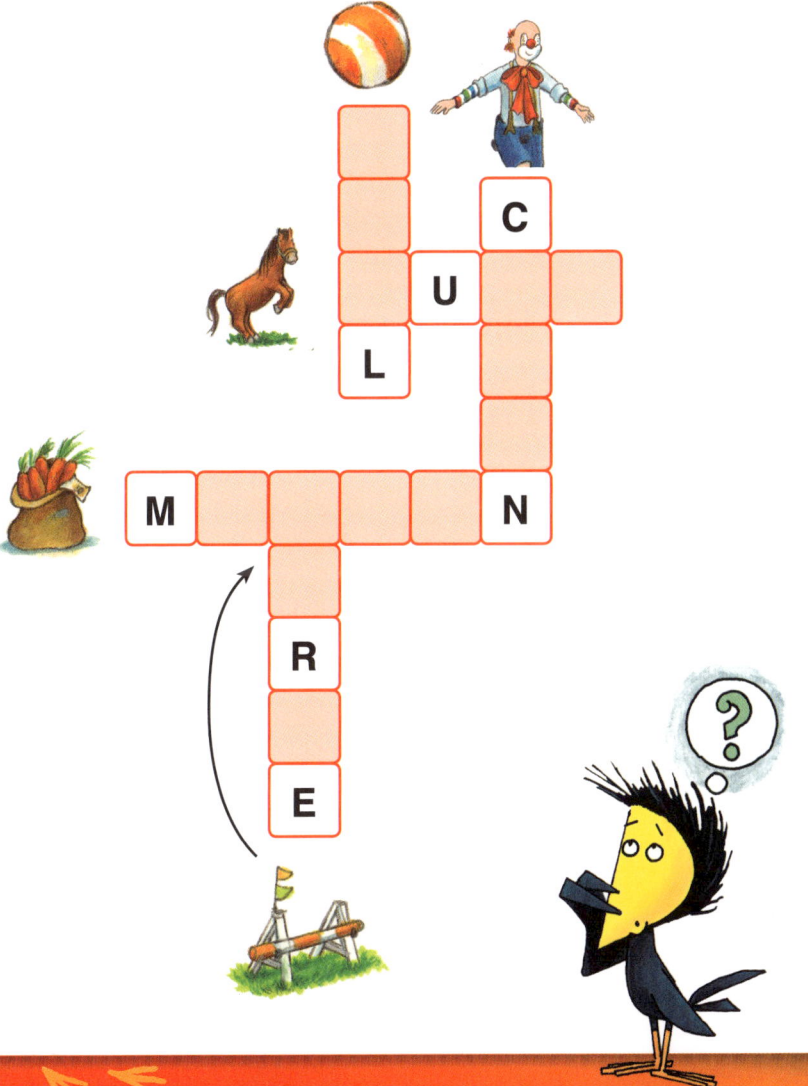

121

Ponygeschichten

Fülle die Lücken aus. Trage die Buchstaben in die richtigen Kästchen ein. So findest du das Lösungswort für die Rabenpost heraus!

Marie nennt Karli einen

| G ₁ | | | | H | | | | .

(Seite 49)

Jolly vermisste eine

| | R ₂ | | | N | | | | . (Seite 69)

Monis Pony heißt

| | | | T | | | ₃ | | O | .

(Seite 70)

Antonio hat Angst vor | | | | | | ₄ | | .

(Seite 72)

Lösungswort:

| ₁ | ₂ | ₃ | T | ₄ | N |

Rabenpost

Herzlichen Glückwunsch!

Du hast das ganze Buch geschafft und
die Rätsel gelöst, super!!!

Jetzt ist es Zeit für die Rabenpost.
Wenn du das Lösungswort herausgefunden hast,
kannst du tolle Preise gewinnen!

Gib es auf der  Website ein

▶ www.leserabe.de,

mail es uns ▶ leserabe@ravensburger.de

oder schick es mit der Post.

Lösungswort:

An
den LESERABEN
RABENPOST
Postfach 2007
88190 Ravensburg
Deutschland

Ravensburger Bücher

Leserabe
Lies dich fit!

1. Lesestufe

ISBN 978-3-473-**36520**-3

ISBN 978-3-473-**36521**-0

ISBN 978-3-473-**36538**-8

ISBN 978-3-473-**36537**-1

2. Lesestufe

ISBN 978-3-473-**36523**-4

ISBN 978-3-473-**36522**-7

ISBN 978-3-473-**36539**-5

ISBN 978-3-473-**36540**-1

www.leserabe.de

Tägliches Lesetraining mit Stickerspaß

Ravensburger

ERZ_15_025

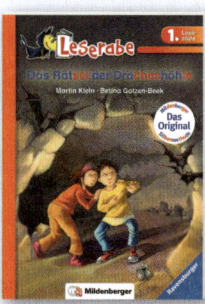